Impressum
Verlag: BABADADA GmbH, Nedderfeld 112 , 22529 Hamburg
Geschäftsführer / Verlagsleitung: Harald Hof
Druck: Books on Demand GmbH, In de Tarpen 42, 22848 Norderstedt

Imprint
Publisher: BABADADA GmbH, Nedderfeld 112 , 22529 Hamburg, Germany
Managing Director / Publishing direction: Harald Hof
Print: Books on Demand GmbH, In de Tarpen 42, 22848 Norderstedt

sală de clasă
aula

a împărți
dividir

186/2

tablă
pizarrón

curte a școlii
patio de escuela

profesor
maestro

hârtie
papel

a scrie
escribir

instrument de scris
birome

masă de birou
escritorio

riglă
regla

carte
libro

elev
alumno

ghiozdan
mochila

penar
caja de lápices

creion
lápiz

ascuțitoare
sacapuntas

radieră
goma (de borrar)

bloc de desen
bloc de dibujo

desen
dibujo

pensulă
pincel

cutie de acuarele
caja de pinturas

foarfece
tijera

lipici
pegamento

caiet de exerciții
cuaderno de ejercicios

temă
tarea

număr
número

a aduna
sumar

a scădea
restar

a multiplica
multiplicar

a calcula
calcular

literă
letra

alfabet
abecedario

cuvânt
palabra

text
texto

a citi
leer

cretă
tiza

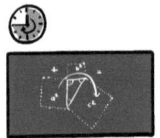

oră
lección

catalog
cuaderno de clase

examen
examen

certificat
certificado

uniformă școlară
uniforme escolar

educație
educación

enciclopedie
enciclopedia

universitate
universidad

microscop
microscopio

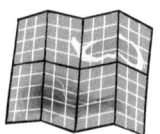

hartă
mapa

coș de gunoi
tacho (de basura)

# călătorie
# viaje

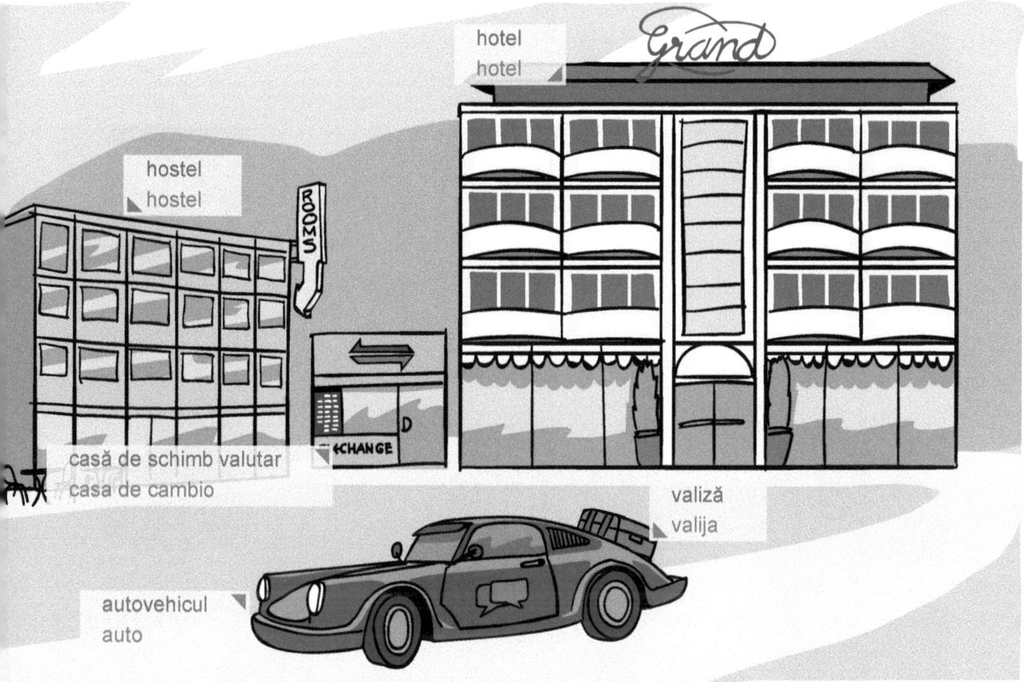
hotel
hotel
Grand
hostel
hostel
ROOMS
CHANGE
casă de schimb valutar
casa de cambio
valiză
valija
autovehicul
auto

limbă

idioma

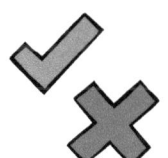

da/nu

sí / no

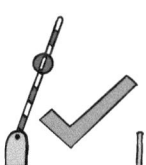

okay

Está bien

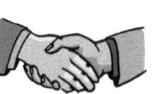

Bună!

hola

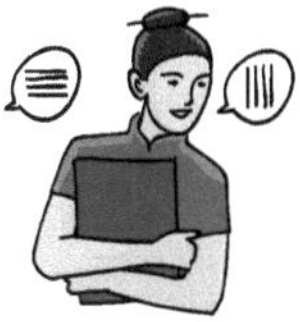

interpret

traductor

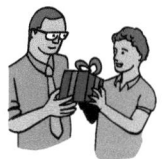

mulțumesc

Gracias

Cât costă…?

¿cuánto cuesta…?

Nu înțeleg

No entiendo

problemă

problema

Bună seara!

¡Buenas tardes!

Bună dimineața!

¡Buenos días!

Noapte bună!

¡Buenas noches!

la revedere

adiós

direcție

dirección

bagaj

equipaje

geantă

bolso

rucsac

mochila

oaspete

invitado

cameră

habitación

sac de dormit

bolsa de dormir

cort

carpa

punct de informare turistică

información turística

plajă

playa

carte de credit

tarjeta de crédito

mic dejun

desayuno

masa de prânz

almuerzo

cină

cena

bilet de călătorie

pasaje

lift

ascensor

timbru poștal

sello

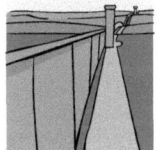

graniță

frontera

vamă

aduana

ambasadă

embajada

viză

visa

pașaport

pasaporte

# transport

# transporte

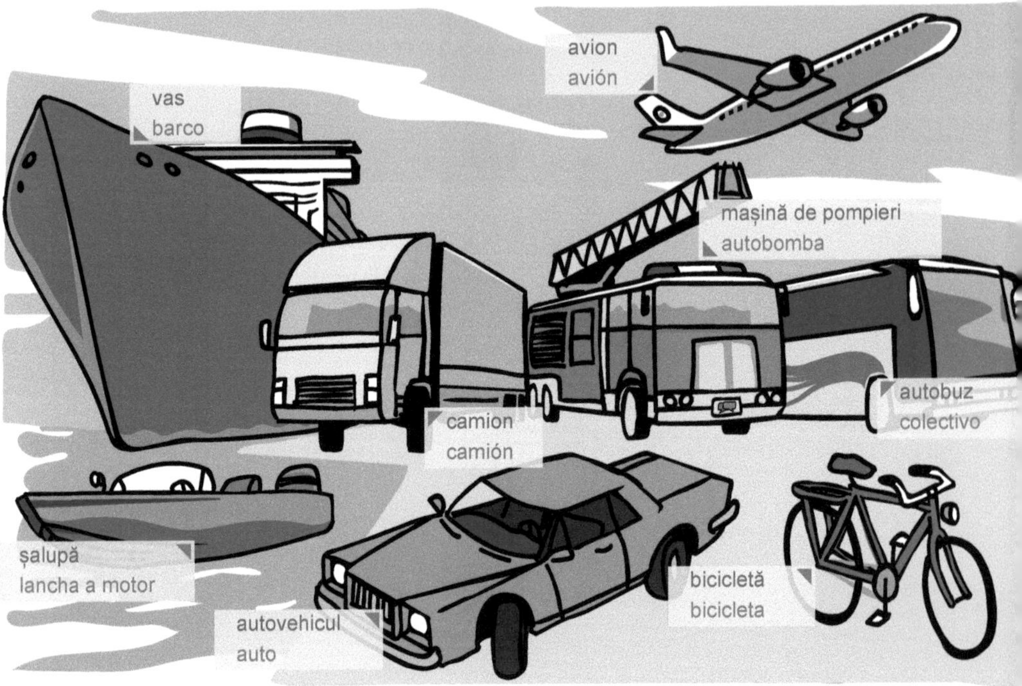
avion
avión
vas
barco
mașină de pompieri
autobomba
autobuz
colectivo
camion
camión
șalupă
lancha a motor
bicicletă
bicicleta
autovehicul
auto

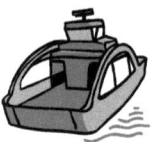

feribot

ferry

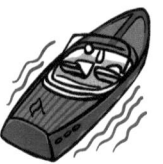

barcă

bote

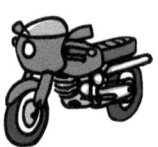

motocicletă

moto

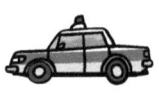

mașină de poliție

patrullero

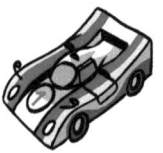

mașină de curse

auto de carreras

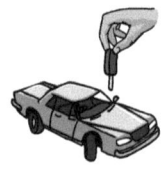

mașină închiriată

auto de alquiler

car sharing

alquiler de autos

mașină de tractat

grúa

mașină de gunoi

camión de basura

motor

motor

combustibil

nafta

benzinărie

estación de servicio

semn de circulație

señal de tránsito

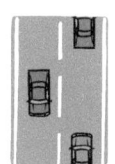

trafic

tránsito

ambuteiaj

embotellamiento

parcare

estacionamiento

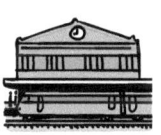

gară

estación de tren

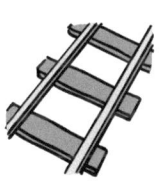

șine

vías

tren

tren

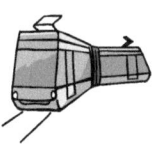

tramvai

tranvía

vagon

vagón

elicopter

helicóptero

aeroport

aeropuerto

turn

torre

pasager

pasajero

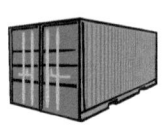

container

contenedor

carton

caja de cartón

căruţă

carretilla

coş

canasta

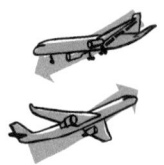

a decola/a ateriza

despegar / aterrizar

## oraş
## ciudad

sat

pueblo

centru

centro de ciudad

casă

casa

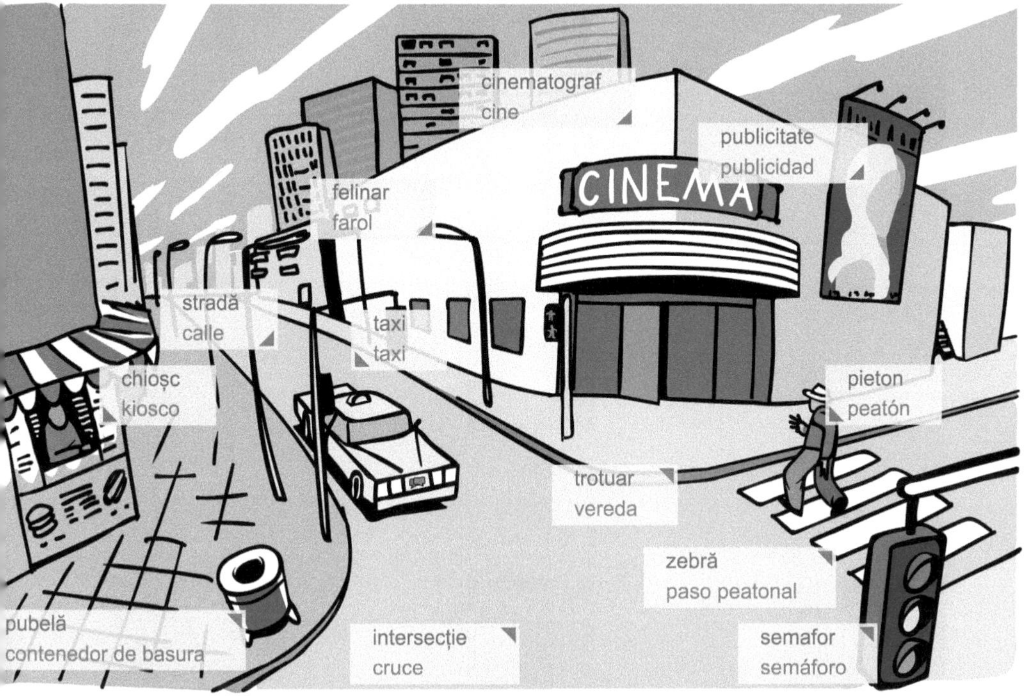

cinematograf
cine

publicitate
publicidad

felinar
farol

CINEMA

stradă
calle

taxi
taxi

pieton
peatón

chioșc
kiosco

trotuar
vereda

zebră
paso peatonal

pubelă
contenedor de basura

intersecție
cruce

semafor
semáforo

cabană
cabaña

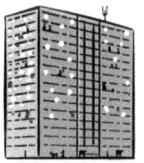

apartament
departamento

gară
estación de tren

primărie
municipalidad

muzeu
museo

școală
colegio

universitate

universidad

bancă

banco

spital

hospital

hotel

hotel

farmacie

farmacia

birou

oficina

librărie

librería

magazin

negocio

florărie

florería

supermarket

supermercado

piață

mercado

magazin universal

grandes tiendas

comerciant de pește

pescadería

centru comercial

centro comercial

port

puerto

oraș - ciudad

parc
parque

bancă
banco

pod
puente

trepte
escaleras

metrou
subte

tunel
túnel

stație de autobuz
parada del colectivo

bar
bar

restaurant
restaurante

cutie poștală
buzón

tăbliță indicatoare cu
numele străzii
letrero

parcometru
parquímetro

grădină zoologică
zoológico

piscină
pileta

moschee
mezquita

gospodărie țărănească

granja

poluare

contaminación

cimitir

cementerio

biserică

iglesia

loc de joacă

juegos infantiles

templu

templo

## peisaj
## paisaje

frunză
hoja

indicator
poste indicador

drum
camino

pajiște
pradera

piatră
piedra

copac
árbol

drumeț
excursionista

râu
río

iarbă
hierba

floare
flor

vale
valle

deal
montaña

lac
lago

pădure
bosque

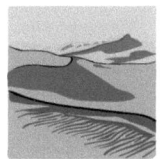

deșert
desierto

vulcan
volcán

castel
castillo

curcubeu
arco iris

ciupercă
champiñón

palmier
palmera

țânțar
mosquito

muscă
mosca

furnică
hormiga

albină
abeja

păianjen
araña

gândac

escarabajo

broască

rana

veveriță

ardilla

arici

erizo

iepure

liebre

bufniță

lechuza

pasăre

pájaro

lebădă

cisne

porc mistreț

jabalí

cerb

ciervo

elan

alce

dig

presa

turbină eoliană

aerogenerador

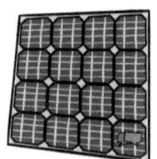

panou solar

panel solar

climă

clima

# restaurant
# restaurante

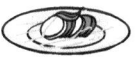

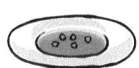

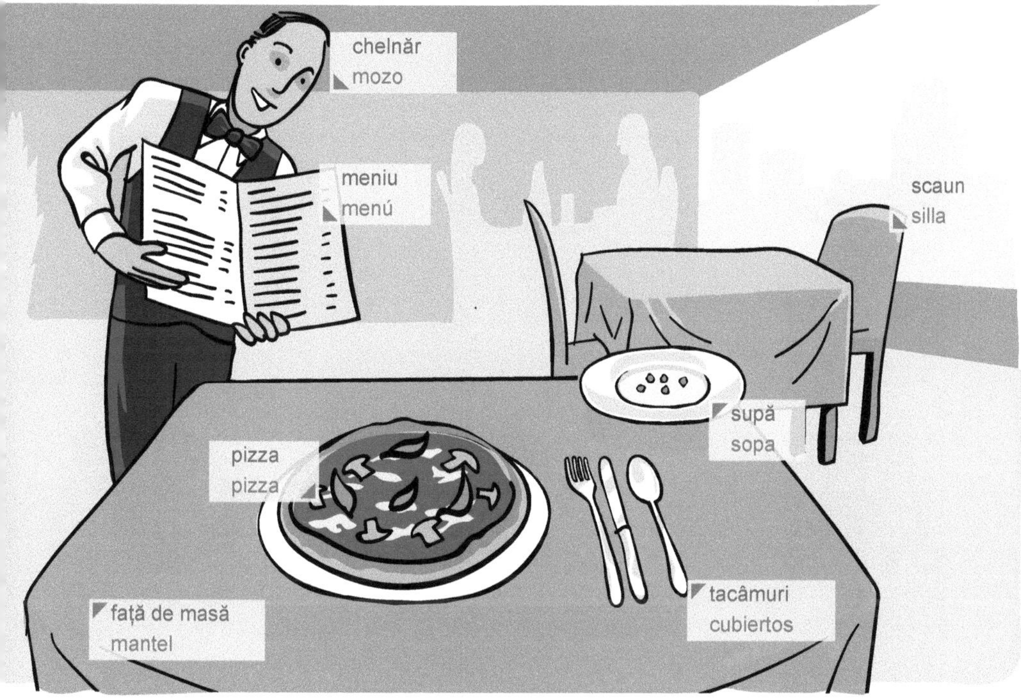
chelnăr
mozo
meniu
menú
scaun
silla
supă
sopa
pizza
pizza
fața de masă
mantel
tacâmuri
cubiertos

antreu
entrada

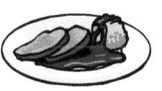

fel principal
plato principal

desert
postre

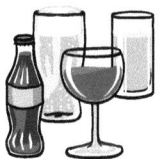

băuturi
bebidas

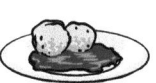

mâncare
comida

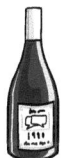

sticlă
botella

fastfood

comida rápida

streetfood

comida callejera

ceainic

tetera

zaharniță

azucarera

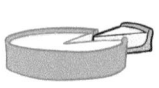

porție

porción

espressor

cafetera expreso

scaun înalt (pentru copii)

sillita alta

factură

cuenta

tavă

bandeja

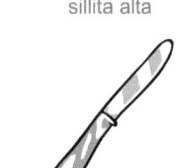

cuțit

cuchillo

furculiță

tenedor

lingură

cuchara

linguriță

cucharita

șervețel

servilleta

pahar

vaso

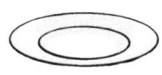

farfurie

plato

farfurie de supă

plato hondo

farfurie

plato

sos

salsa

solniță

salero

râșniță de piper

molinillo de pimienta

oțet

vinagre

ulei

aceite

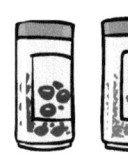

condimente

especias

ketchup

kétchup

muștar

mostaza

maioneză

mayonesa

# supermarket
# supermercado

ofertă
oferta especial
FOR
client
cliente
produse lactate
lácteos
fructe
fruta
cărucior de cumpărături
changuito


BUTCHERS


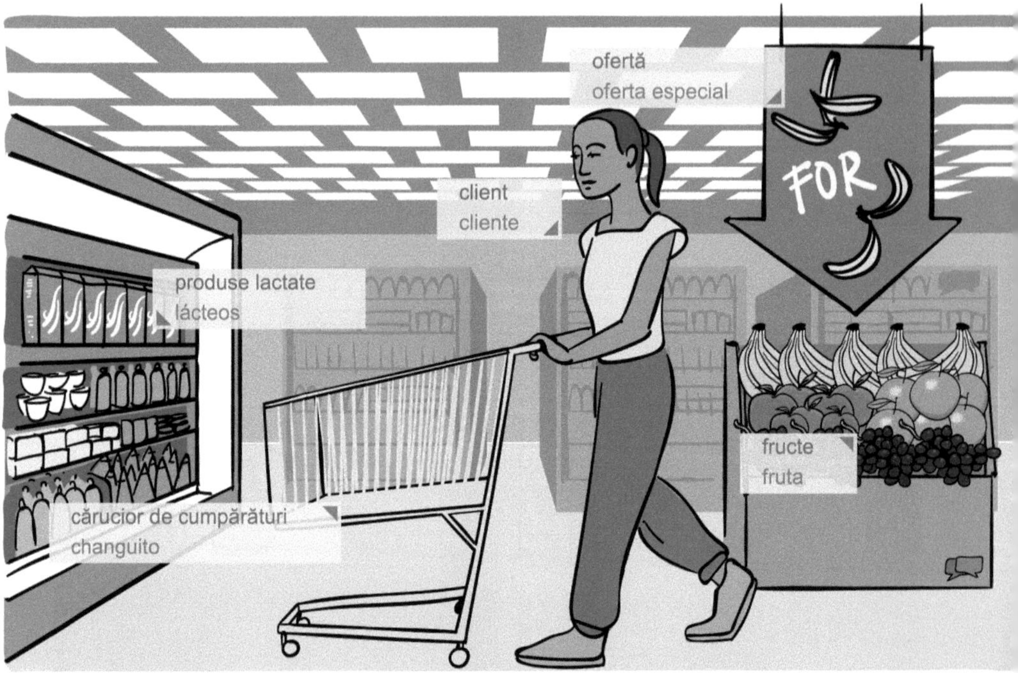

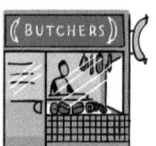

măcelărie

carnicería

BAKERY

brutărie

panadería

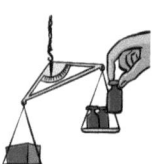

a cântări

pesar

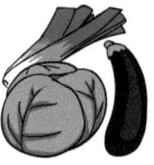

legume

verduras

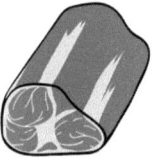

carne

carne

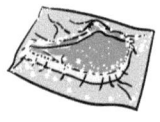

alimente refrigerate

alimentos congelados

mezeluri și brânzeturi feliate

...............

fiambres

conserve

...............

alimentos enlatados

detergent

...............

detergente en polvo

dulciuri

...............

golosinas

articole de menaj

...............

electrodomésticos

produse de curățenie

...............

productos de limpieza

vânzătoare

...............

vendedora

casă

...............

caja

casier

...............

cajero

listă de cumpărături

...............

lista de compras

orar

...............

horario de atención

portmoneu

...............

billetera

carte de credit

...............

tarjeta de crédito

geantă

...............

cartera

pungă de plastic

...............

bolsa de plástico

apă

agua

suc

jugo

lapte

leche

cola

bebida cola

vin

vino

bere

cerveza

alcool

alcohol

cacao

cacao

ceai

té

cafea

café

espresso

café expreso

cappucino

cappuccino

banane

banana

măr

manzana

portocală

naranja

pepene

melón

lămâie

limón

morcov

zanahoria

usturoi

ajo

bambus

bambú

ceapă

cebolla

ciupercă

champiñón

nuci

nueces

paste făinoase

fideos

spagheti

tallarines

orez

arroz

salată

ensalada

cartofi prăjiți

papas fritas

cartofi țărănești

papas fritas

pizza

pizza

hamburger

hamburguesa

sandwich

sándwich

șnițel

churrasco

șuncă

jamón

salam

salame

cârnați

salchicha

pui

pollo

friptură

asado

pește

pescado

fulgi de ovăz

copos de avena

musli

muesli

cereale

copos de maíz

făină

harina

corn

medialuna

chifle

pancito

pâine

pan

pâine prăjită

tostada

biscuiţi

galletitas

unt

manteca

brânză de vaci

cuajada

prăjitură

torta

ou

huevo

ouă ochiuri

huevo frito

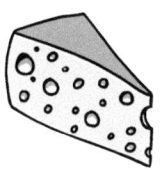

brânză

queso

îngheţată

helado

zahăr

azúcar

miere

miel

marmeladă

mermelada

cremă nuga

pasta de chocolate

curry

curry

# gospodărie țărănească
## granja

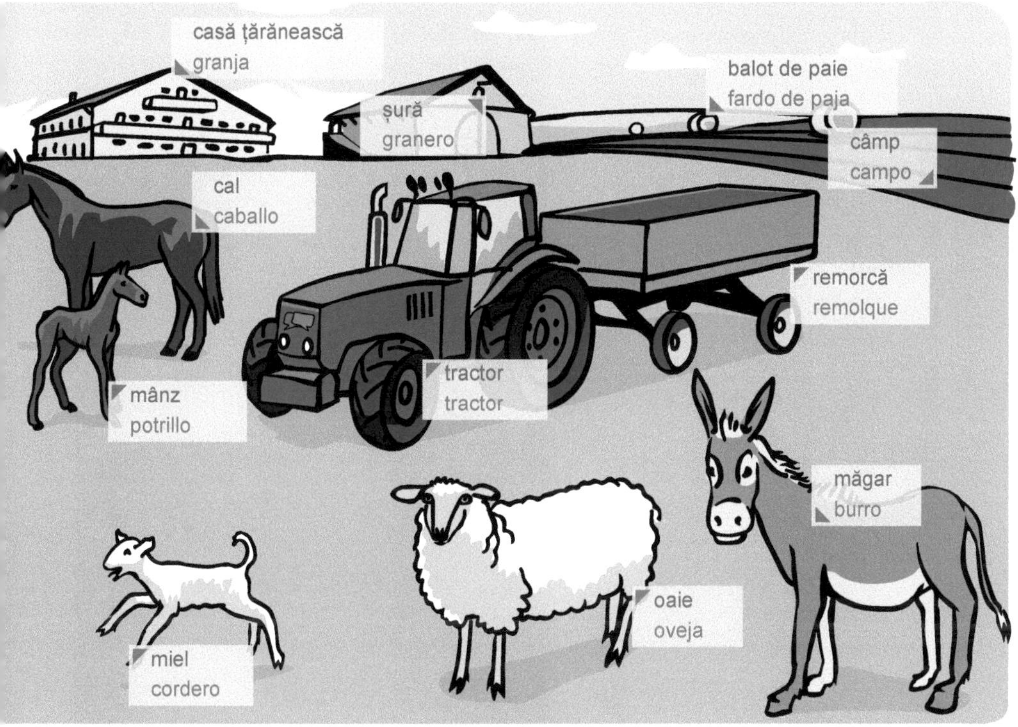

casă țărănească
granja
șură
granero
balot de paie
fardo de paja
câmp
campo
cal
caballo
remorcă
remolque
tractor
tractor
mânz
potrillo
măgar
burro
oaie
oveja
miel
cordero


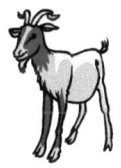

capră
cabra

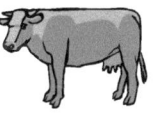

vacă
vaca

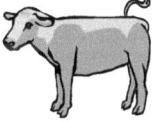

vițel
ternero

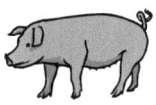

porc
cerdo

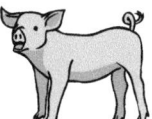

purcel
lechón

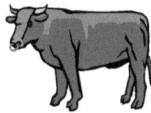

taur
toro

găină
ganso

rață
pato

pui
pollo

găină
gallina

cocoș
gallo

șobolan
rata

pisică
gato

șoarece
ratón

bou
buey

câine
perro

cușcă
cucha

furtun de grădină
manguera

stropitoare
regadera

coasă
guadaña

plug
arado

seceră
hoz

sapă
azada

furcă
horquilla

secure
hacha

roabă
carretilla

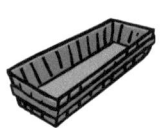

troacă
abrevadero

cană pentru lapte
lechera

sac
bolsa

gard
reja

grajd
establo

seră
invernadero

sol
suelo

sămânță
semilla

fertilizator
fertilizador

combină de treierat
cosechadora

a culege
cosechar

recoltă
cosecha

cartof yam
batatas

grâu
trigo

soia
soja

cartof
papa

porumb
maíz

rapiță
semilla de colza

pom fructifer
árbol frutal

manioc
mandioca

cereale
cereales

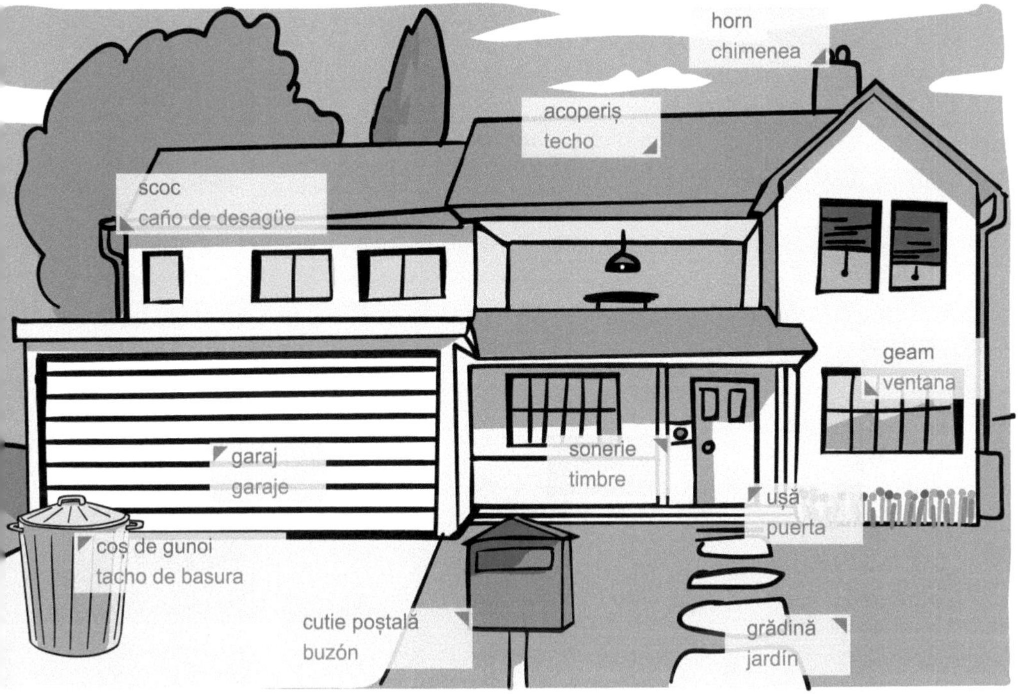

horn
chimenea

acoperiș
techo

scoc
caño de desagüe

geam
ventana

garaj
garaje

sonerie
timbre

ușă
puerta

coș de gunoi
tacho de basura

cutie poștală
buzón

grădină
jardín

**cameră de zi**
living

**baie**
baño

**bucătărie**
cocina

**dormitor**
dormitorio

**camera copiilor**
cuarto de los chicos

**sufragerie**
comedor

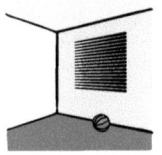

podea
....................
piso

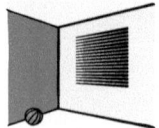

perete
....................
pared

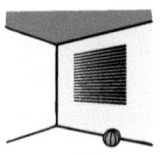

tavan
....................
cielorraso

pivniță
....................
sótano

saună
....................
sauna

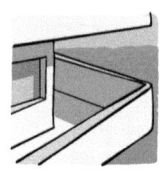

balcon
....................
balcón

terasă
....................
terraza

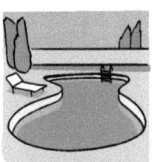

piscină
....................
pileta

mașină de tuns iarba
....................
cortadora de pasto

cearșaf
....................
sábana

cuvertură
....................
acolchado

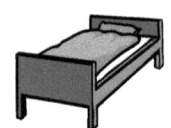

pat
....................
cama

mătură
....................
escoba

găleată
....................
balde

întrerupător
....................
interruptor

# cameră de zi
## living

tapet
empapelado
pictură
imagen
lampă
lámpara
raft
estante
dulap
armario
televizor
televisión
șemineu
chimenea
floare
flor
pernă
almohadón
sofa
sofá
vază
florero
telecomandă
control remoto

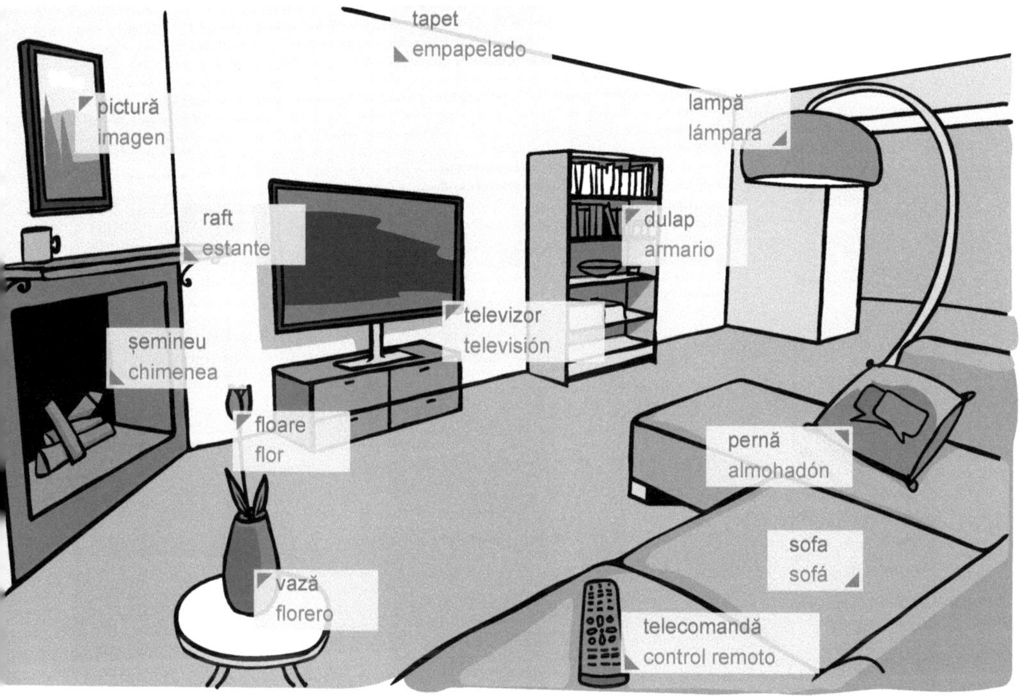

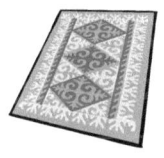

covor
alfombra

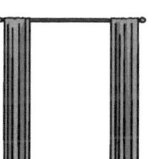

perdea
cortina

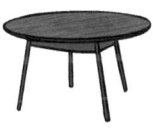

masă
mesa

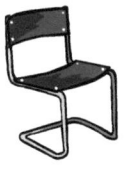

scaun
silla

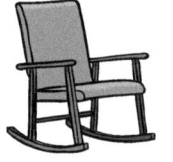

balansoar
mecedora

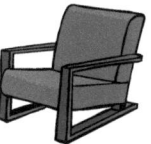

fotoliu
sillón

carte

libro

pătură

frazada

decoraţiune

decoración

lemn de foc

leña

film

película

instalaţie stereo

equipo de música

cheie

llave

ziar

diario

desen

pintura

poster

póster

radio

radio

caiet de notiţe

cuaderno

aspirator

aspiradora

cactus

cactus

lumânare

vela

# bucătărie
## cocina

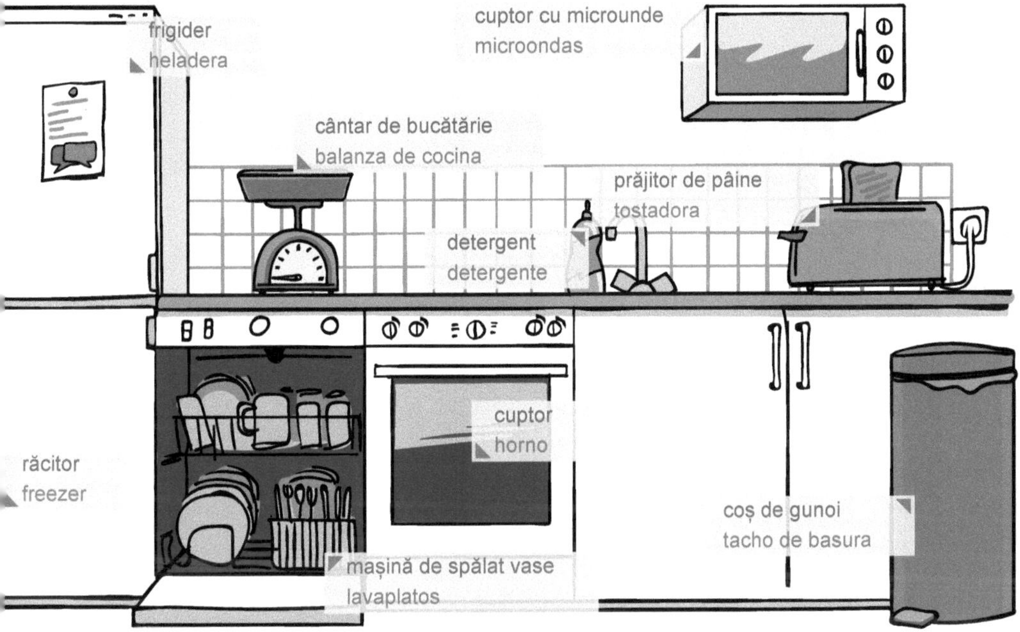

frigider
heladera
cuptor cu microunde
microondas
cântar de bucătărie
balanza de cocina
prăjitor de pâine
tostadora
detergent
detergente
cuptor
horno
răcitor
freezer
coș de gunoi
tacho de basura
mașină de spălat vase
lavaplatos


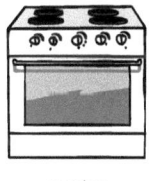

cuptor

cocina

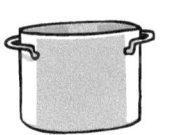

oală

olla

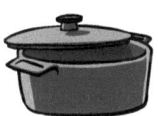

oală de metal

olla de hierro fundido

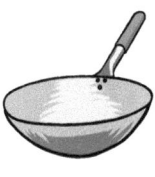

wok/kadai

wok

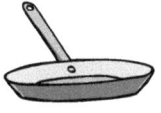

tigaie

sartén

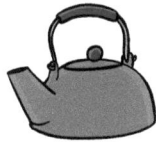

ceainic

pava

oală de gătit cu aburi

vaporera

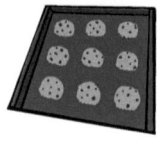

tavă de copt

bandeja de horno

veselă

vajilla

pahar

taza

bol

bol

beţişoare

palitos

polonic

cucharón

spatulă

estpátula

tel

batidora

sită

colador

sită

colador

răzătoare

rallador

mojar

mortero

grătar

parrilla

loc pentru grătar

fogata

tocător

tabla de picar

sucitor

palo de amasar

tirbușon

sacacorchos

conservă

lata

deschizător de conserve

abrelatas

șervete termice

manopla

chiuvetă

pileta

perie

cepillo

burete

esponja

mixer

batidora

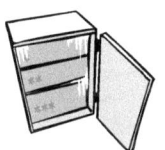

ladă frigorifică

congelador

biberon

mamadera

robinet

canilla

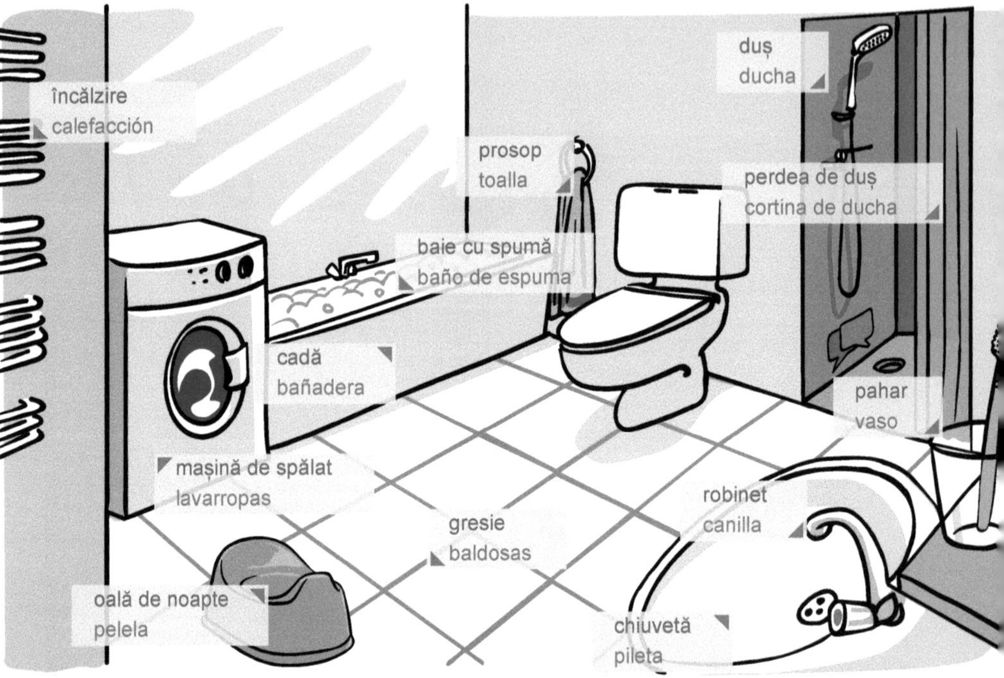

încălzire
calefacción

duș
ducha

prosop
toalla

perdea de duș
cortina de ducha

baie cu spumă
baño de espuma

cadă
bañadera

pahar
vaso

mașină de spălat
lavarropas

robinet
canilla

gresie
baldosas

oală de noapte
pelela

chiuvetă
pileta

| | | |
|---|---|---|
| toaletă | toaletă turcească | bideu |
| inodoro | letrina | bidé |
| pisoir | hârtie igienică | perie de toaletă |
| mingitorio | papel higiénico | cepillo para el inodoro |

periuță de dinți

cepillo de dientes

pastă de dinți

dentífrico

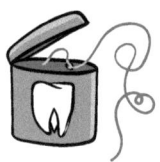

ață dentară

hilo dental

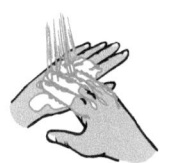

a spăla

lavar

cap de duș

ducha de mano

duș intim

ducha higiénica

lavoar

palangana

perie pentru spate

cepillo para espalda

săpun

jabón

gel de duș

gel de ducha

șampon

shampoo

cârpă de spălat

toallita

scurgere

desagüe

cremă

crema

deodorant

desodorante

oglindă
espejo

oglindă cosmetică
espejito

aparat de ras
maquinita de afeitar

spumă de ras
espuma de afeitar

aftershave
aftershave

pieptene
peine

perie
cepillo

uscător de păr
secador de pelo

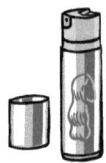

fixator
spray

machiaj
maquillaje

ruj
lápiz de labios

lac de unghii
esmalte para uñas

vată
algodón

foarfece de unghii
tijera para uñas

parfum
perfume

neseser

portacosméticos

taburet

banqueta

cântar

balanza

halat de baie

bata

mănuși de cauciuc

guantes de goma

tampon

tampón

tampon

toallita femenina

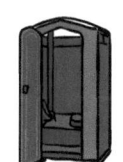

toaletă chimică

baño químico

# camera copiilor
# cuarto de los chicos

ceas deșteptător
despertador
jucărie de pluș
peluche
mașină de jucărie
coche de juguete
morișcă
sonajero
casă de păpuși
casa de muñecas
cadou
regalo

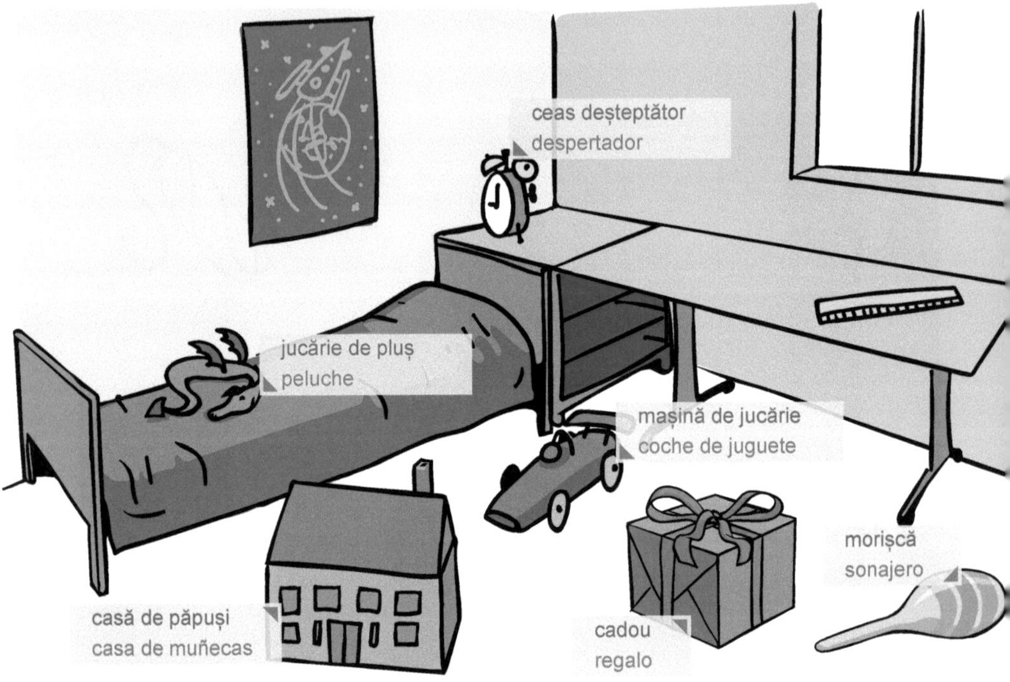

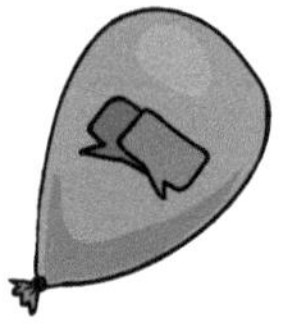

balon
globo

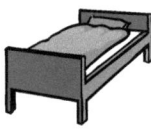

pat
cama

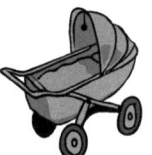

cărucior de copii
cochecito

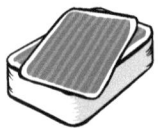

joc de cărți
cartas

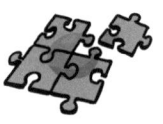

puzzle
rompecabezas

SUPER
MEGA

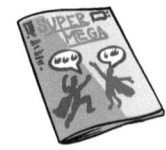

revistă de benzi desenate
historieta

cuburi lego

piezas de lego

piese pentru construcții

ladrillos de juguete

personaj din filmele de acţiune

figura de acción

body

enterito (de bebé)

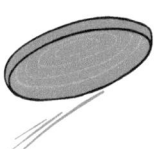

frisbee

frisbee

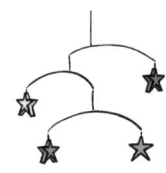

mobil

móvil para bebés

joc de societate

juego de mesa

zar

dados

set trenuleţ de jucărie

tren eléctrico

suzetă

chupete

petrecere

fiesta

carte cu poze

libro de cuentos ilustrado

minge

pelota

păpuşă

muñeca

a se juca

jugar

groapă de nisip

arenero

leagăn

hamaca

jucării

juguetes

consolă video

consola de videojuegos

tricicletă

triciclo

ursuleț

osito de peluche

dulap

armario

## îmbrăcăminte
## ropa

șosete

medias

ciorapi

medias panty

dres

calzas

şal
bufanda

umbrelă
paraguas

tricou
remera

curea
cinturón

cizme
botas

papuci
pantuflas

pantofi sport
zapatillas

sandale
.................
sandalias

încălţăminte
.................
zapatos

cizme de cauciuc
.................
botas de goma

chilot
.................
ropa interior

sutien
.................
corpiño

maiou
.................
chaleco

body
body

pantaloni
pantalones

blugi
jeans

fustă
pollera

bluză
blusa

cămașă
camisa

pulover
pulóver

jerseu
buzo

sacou
blazer

jachetă
campera

palton
tapado

pelerină de ploaie
piloto

costum
traje

rochie
vestido

rochie de mireasă
vestido de novia

costum

traje

cămașă de noapte

camisón

pijama

pijama

sari

sari

batic

pañuelo para cabeza

turban

turbante

burka

burka

caftan

caftán

abaya

abaya

costum de baie

traje de baño

șort

short de baño

pantaloni scurți

shorts

trening

jogging

șorț

delantal

mănuși

guantes

nasture

botón

ochelari

anteojos

brăţară

pulsera

lanţ

collar

inel

anillo

cercel

aro

căciulă

gorra

umeraş

percha

pălărie

sombrero

cravată

corbata

fermoar

cierre

cască

casco

bretele

tiradores

uniformă şcolară

uniforme escolar

uniformă

uniforme

bavețică
babero

suzetă
chupete

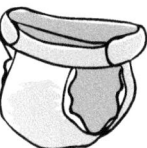

scutec
pañal

## birou
## oficina

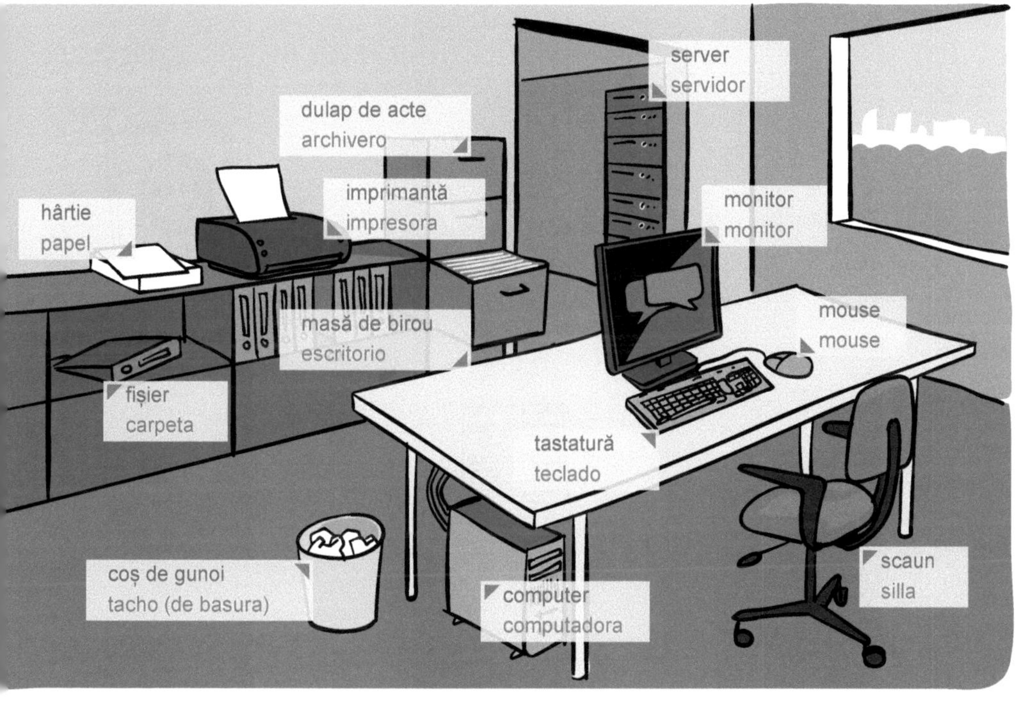

server
servidor

dulap de acte
archivero

imprimantă
impresora

monitor
monitor

hârtie
papel

mouse
mouse

masă de birou
escritorio

fișier
carpeta

tastatură
teclado

coș de gunoi
tacho (de basura)

computer
computadora

scaun
silla

ceașcă de cafea
taza de café

calculator
calculadora

internet
internet

laptop
laptop

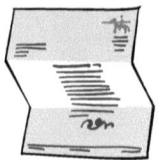

scrisoare
carta

mesaj
mensaje

telefon mobil
celular

reţea
red

copiator
fotocopiadora

software
software

telefon
teléfono

priză
tomacorriente

fax
fax

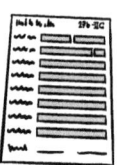

formular
formulario

document
documento

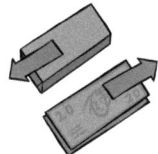

a cumpăra

comprar

a plăti

pagar

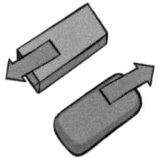

a face comerţ

hacer negocios

bani

dinero

Dolar

dólar

Euro

euro

Yen

yen

Rublă

rublo

Franc Elveţian

franco suizo

renminbi yuan

yuan

Rupie

rupia

bancomat

cajero automático

casă de schimb valutar

casa de cambio

aur

oro

argint

plata

petrol

petróleo

energie

energía

preţ

precio

contract

contrato

impozit

impuesto

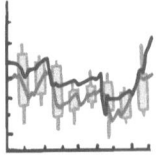

acţiune

acción

a munci

trabajar

angajat

empleado

angajator

empleador

fabrică

fábrica

magazin

negocio

# ocupații
## ocupaciones

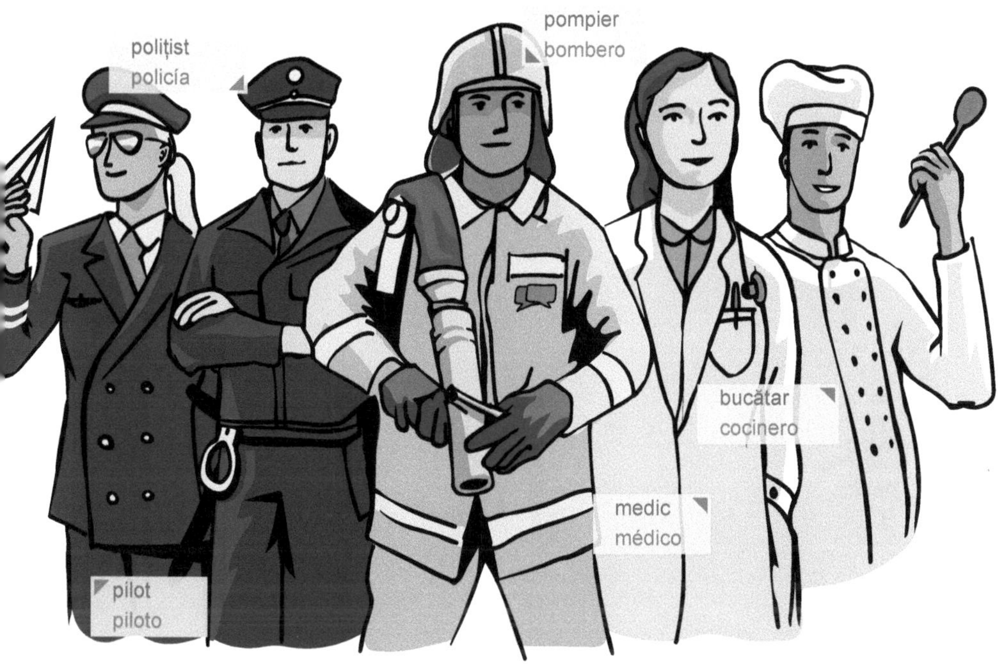
polițist
policía
pompier
bombero
bucătar
cocinero
medic
médico
pilot
piloto

grădinar

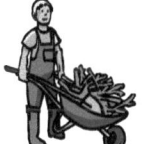

jardinero

tâmplar

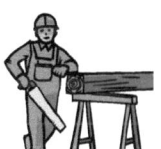

carpintero

cusătoreasă

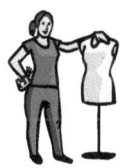

modista

judecător

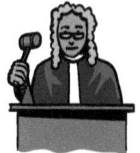

juez

chimist

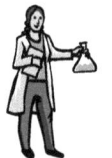

farmacéutico

actor

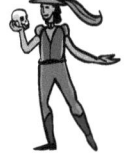

actor

şofer de autobuz

colectivero

şofer de taxi

taxista

pescar

pescador

femeie de serviciu

mucama

tinichigiu

techista

chelnăr

mozo

vânător

cazador

pictor

pintor

brutar

panadero

electrician

electricista

muncitor în construcţii

albañil

inginer

ingeniero

măcelar

carnicero

instalator

plomero

poştaş

cartero

soldat
soldado

arhitect
arquitecto

casier
cajero

florar
florista

frizer
peluquero

controlor
cobrador

mecanic
mecánico

căpitan
capitán

stomatolog
dentista

om de știință
científico

rabin
rabino

imam
imán

călugăr
monje

preot
sacerdote

# instrumente
# herramientas

ciocan
martillo
clește
tenaza
șurubelniță
destornillador
cheie
llave
lanternă
linterna

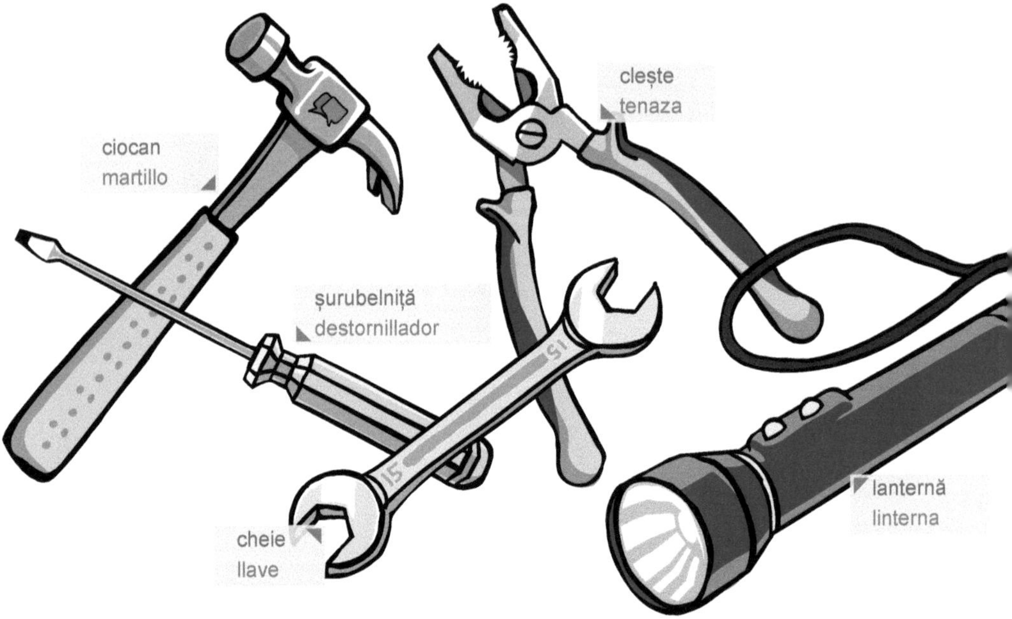

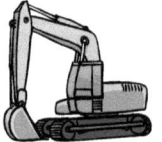

excavator

excavadora

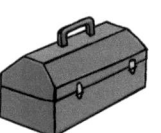

cutie de scule

caja de herramientas

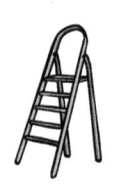

scară

escalera portátil

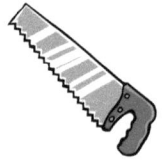

ferăstrău

sierra

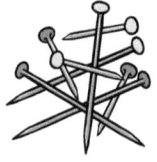

cuie

clavos

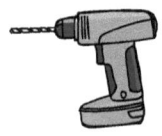

burghiu

taladro

a repara
........................
arreglar

lopată
........................
pala de jardín

La naiba!
........................
¡Qué bronca!

făraș
........................
pala de plástico

vas pentru vopsea
........................
tacho de pintura

șuruburi
........................
tornillos

## instrumente muzicale
## instrumentos musicales

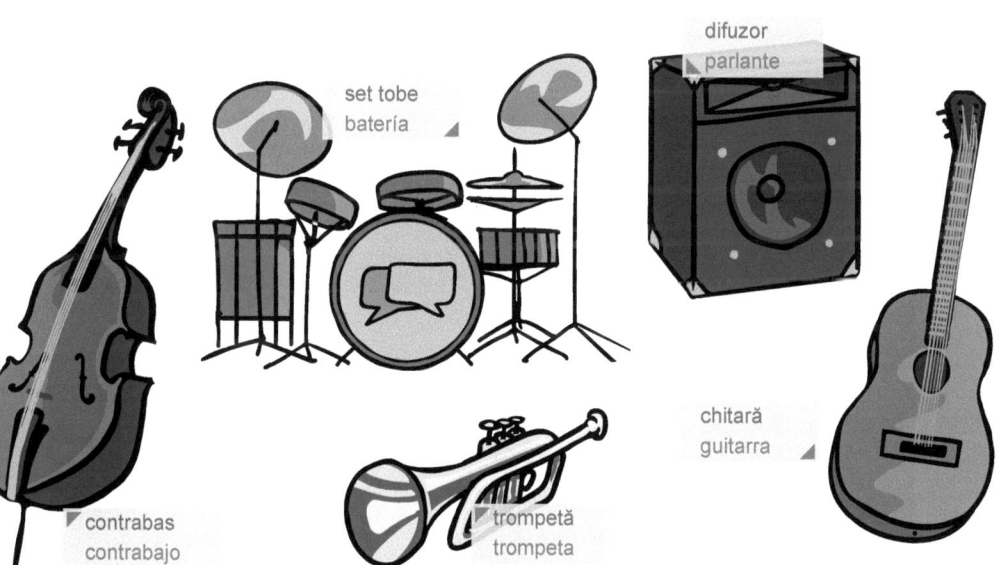

difuzor
parlante

set tobe
batería

chitară
guitarra

contrabas
contrabajo

trompetă
trompeta

pian
piano

vioară
violín

bas
bajo

trombon
timbales

tobă
tambor

keyboard
teclado

saxofon
saxofón

fluier
flauta

microfon
micrófono

# grădină zoologică
# zoológico

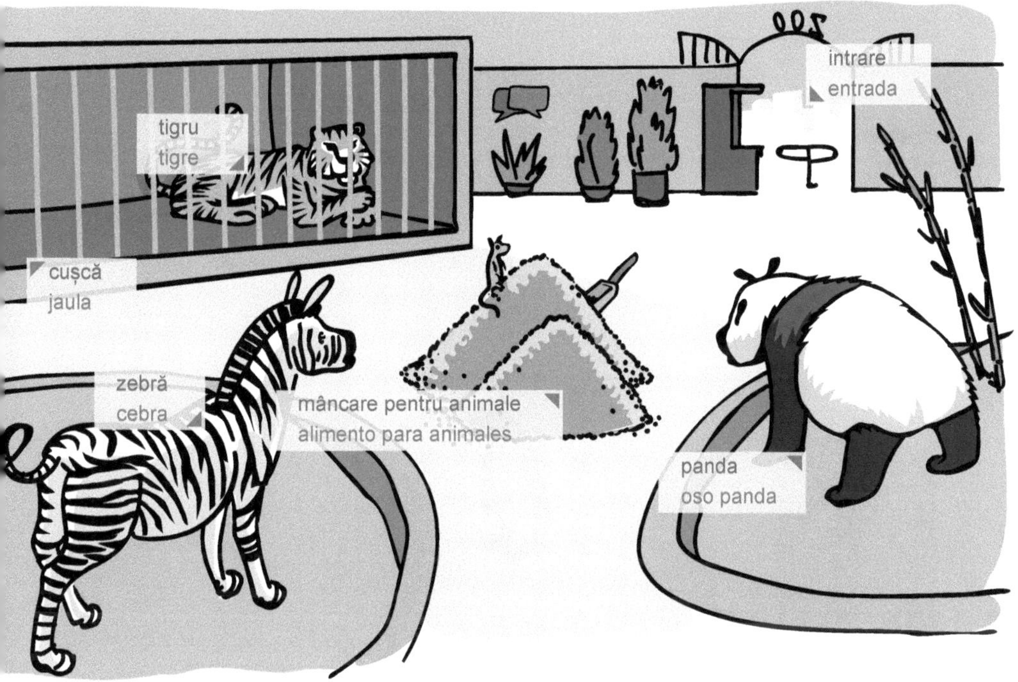
zoo
intrare
entrada
tigru
tigre
cușcă
jaula
zebră
cebra
mâncare pentru animale
alimento para animales
panda
oso panda

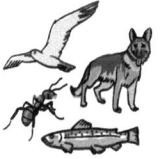

animale
animales

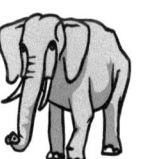

elefant
elefante

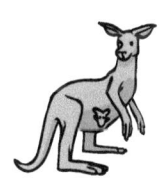

cangur
canguro

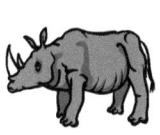

rinocer
rinoceronte

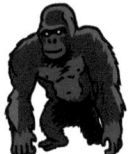

gorilă
gorila

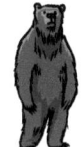

urs
oso

cămilă

camello

struț

avestruz

leu

león

maimuță

mono

flamingo

flamenco

papagal

loro

urs polar

oso polar

pinguin

pingüino

rechin

tiburón

păun

pavo real

șarpe

serpiente

crocodil

cocodrilo

îngrijitor grădina zoologică

cuidador del zoológico

focă

foca

jaguar

jaguar

ponei
poni

leopard
leopardo

hipopotam
hipopótamo

girafă
jirafa

acvilă
águila

porc mistreț
jabalí

pește
pescado

broască țestoasă
tortuga

morsă
morsa

vulpe
zorro

gazelă
gacela

fotbal american
fútbol americano

ciclism
ciclismo

tenis
tenis

basketball
básquet

înot
natación

box
boxeo

hockey pe gheață
hockey sobre hielo

fotbal
fútbol

badminton
bádminton

atletism
atletismo

handbal
handball

schi
esquí

polo
polo

a râde
reír

a sări
saltar

a îmbrățișa
abrazar

a merge
caminar

a cânta
cantar

a visa
soñar

a se ruga
rezar

a săruta
besar

a scrie
escribir

a desena
dibujar

a arăta
mostrar

a împinge
presionar

a da
dar

a lua
tomar

a avea

tener

a face

hacer

a fi

ser

a sta în picioare

estar parado

a fugi

correr

a trage

tirar

a arunca

tirar

a cădea

caer

a sta întins

estar acostado

a aștepta

esperar

a purta

llevar

a ședea

estar sentado

a se îmbrăca

vestirse

a dormi

dormir

a se trezi

despertar

a privi
mirar

a plânge
llorar

a mângâia
acariciar

a se pieptăna
peinar

a vorbi
hablar

a înțelege
entender

a întreba
preguntar

a asculta
escuchar

a bea
beber

a mânca
comer

a face ordine
ordenar

a iubi
amar

a găti
cocinar

a conduce
manejar

a zbura
volar

a naviga

navegar

a calcula

calcular

a citi

leer

a învăța

aprender

a munci

trabajar

a se căsători

casarse

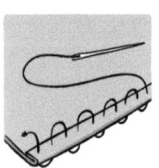

a coase

coser

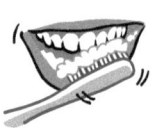

a se spăla pe dinți

cepillarse los dientes

a ucide

matar

a fuma

fumar

a trimite

enviar

bunică
abuela

bunic
abuelo

tată
padre

mamă
madre

bebeluș
bebé

soră
hija

fiu
hijo

oaspete
invitado

mătușă
tía

unchi
tío

frate
hermano

soră
hermana

# corp

# cuerpo

frunte
frente
ochi
ojo
umăr
hombro
deget
dedo
față
cara
bărbie
pera
mână
mano
picior
pierna
piept
pecho
braț
brazo

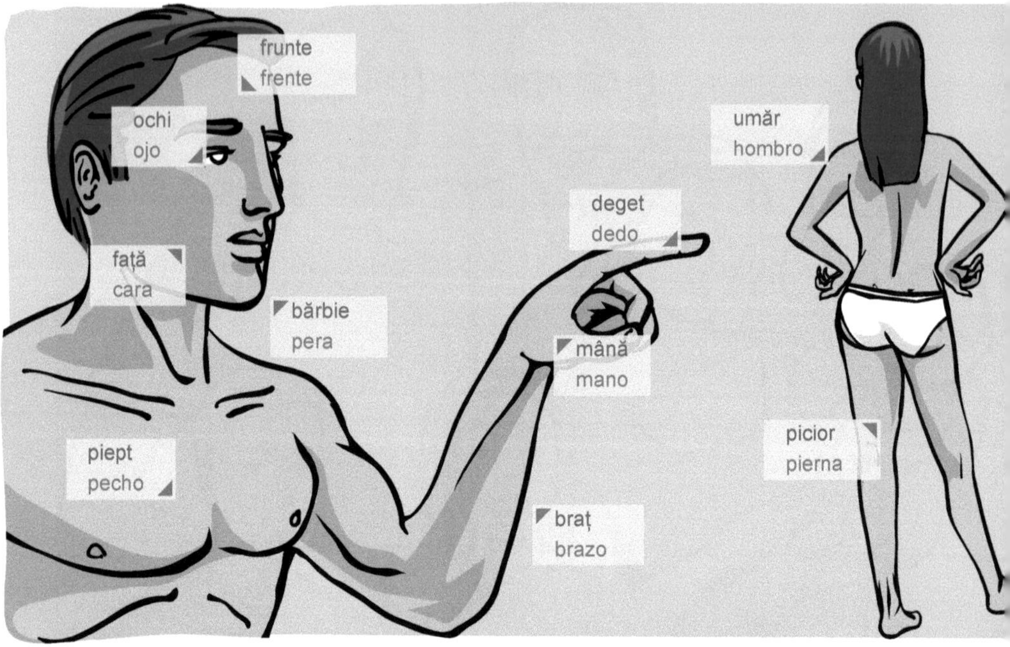

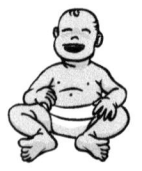

bebeluș

bebé

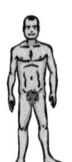

bărbat

hombre

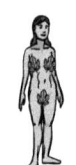

femeie

mujer

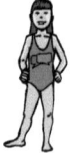

fată

nena

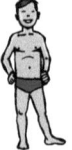

băiat

nene

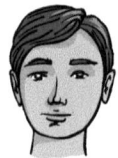

cap

cabeza

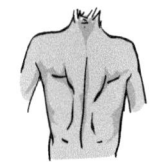

spate

espalda

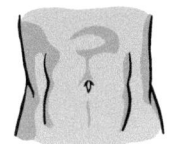

abdomen

panza

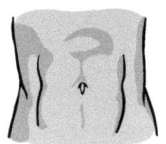

ombilic

ombligo

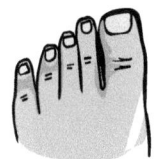

deget de la picior

dedo del pie

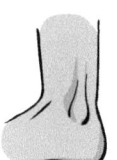

călcâi

talón

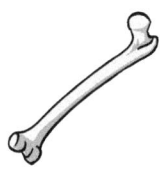

os

hueso

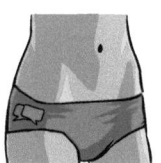

şold

cadera

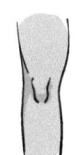

genunchi

rodilla

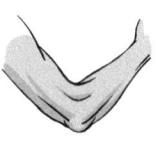

cot

codo

nas

nariz

fund

cola

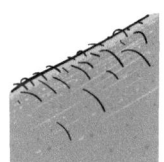

piele

piel

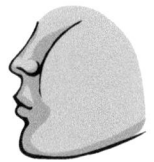

obraz

cachete

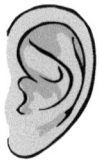

ureche

oreja

buză

labio

gură
boca

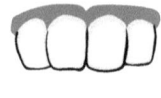

dinte
diente

limbă
lengua

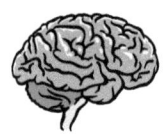

creier
cerebro

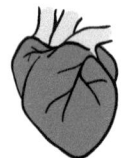

inimă
corazón

mușchi
músculo

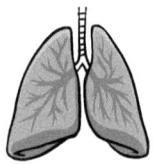

plămân
pulmón

ficat
hígado

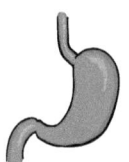

stomac
estómago

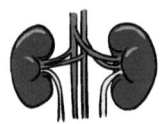

rinichi
riñones

sex
sexo

prezervativ
preservativo

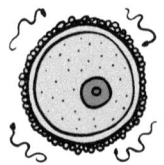

ovul
óvulo

spermă
semen

sarcină
embarazo

corp - cuerpo

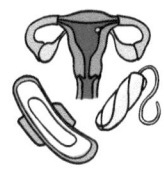

menstruaţie

menstruación

vagin

vagina

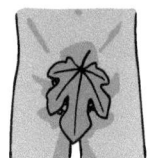

penis

pene

sprânceană

ceja

păr

pelo

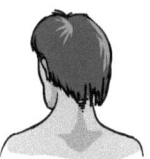

gât

cuello

# spital
# hospital

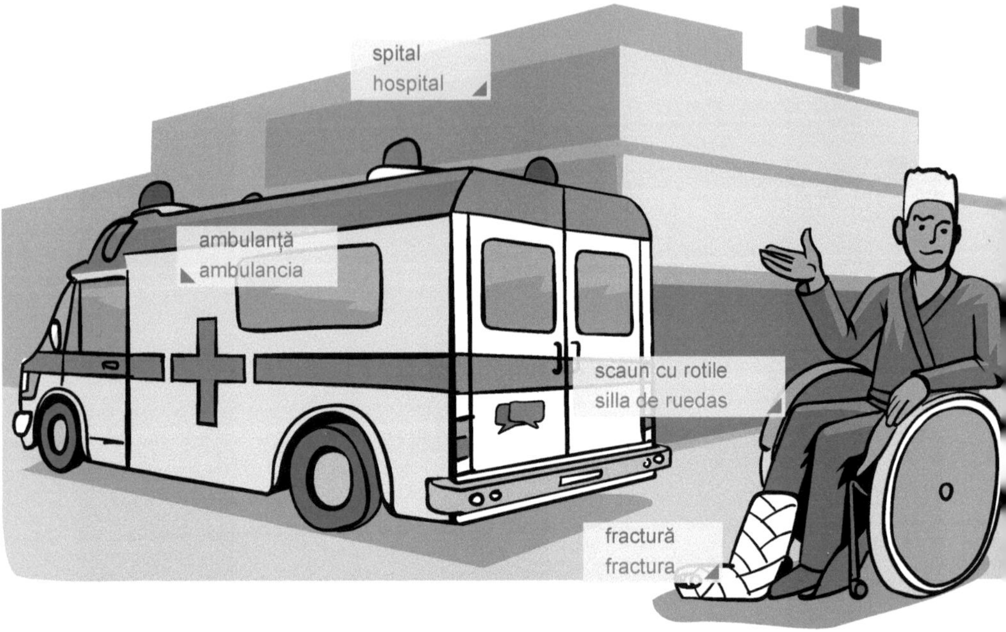

spital
hospital
ambulanță
ambulancia
scaun cu rotile
silla de ruedas
fractură
fractura


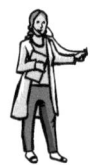

medic
médico

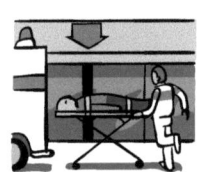

unitate de primiri urgențe
sala de guardia

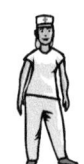

soră medicală
enfermera

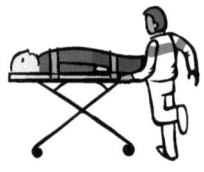

urgență
emergencia

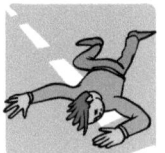

inconștient
inconsciente

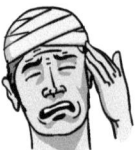

durere
dolor

leziune

lesión

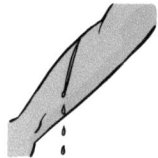

sângerare

hemorragia

infarct miocardic

infarto

atac cerebral

ACV

alergie

alergia

tuse

tos

febră

fiebre

gripă

gripe

diaree

diarrea

durere de cap

dolor de cabeza

cancer

cáncer

diabet

diabetes

chirurg

cirujano

scalpel

bisturí

operație

operación

CT
TC

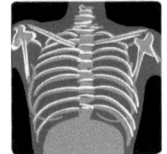

raze Röntgen
rayos x

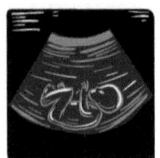

ultrasunet
ecografía

mască
barbijo

boală
enfermedad

sală de aşteptare
sala de espera

cârjă
muleta

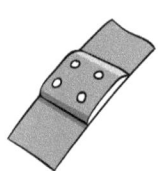

plasture
curita

bandaj
venda

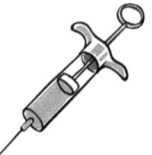

injecţie
inyección

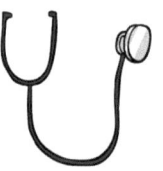

stetoscop
estetoscopio

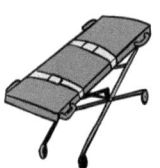

targă
camilla

termometru
termómetro

naştere
nacimiento

supraponderabilitate
sobrepeso

aparat auditiv

audífono

dezinfectant

desinfectante

infecție

infección

virus

virus

HIV/SIDA

VIH / SIDA

medicină

remedio

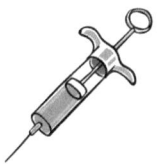

vaccin

vacunación

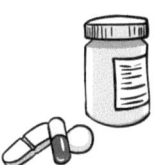

tablete

comprimidos

pastilă

pastilla anticonceptiva

apel de urgență

llamada de emergencia

aparat de măsurare a
presiunii arteriale

tensiómetro

bolnav/sănătos

enfermo / sano

Ajutor!

¡Ayuda!

alarmă

alarma

agresiune

agresión

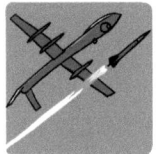

atac

ataque

pericol

peligro

ieșire de urgență

salida de emergencia

Foc!

¡Fuego!

extinctor

matafuego

accident

accidente

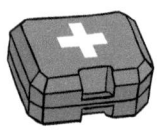

trusă de prim-ajutor

botiquín de primeros auxilios

SOS

SOS

poliție

policía

Europa

Europa

America de Nord

América del Norte

America de Sud

América del Sur

Africa

África

Asia

Asia

Australia

Australia

Altantic

Atlántico

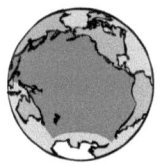

Pacific

Pacífico

Oceanul Indian

Océano Índico

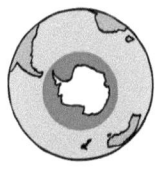

Oceanul Antarctic

Océano Antártico

Oceanul Arctic

Océano Ártico

Polul Nord

polo norte

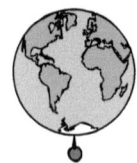

Polul Sud

polo sur

Antarctica

Antártida

pământ

Tierra

țară

tierra

mare

mar

insulă

isla

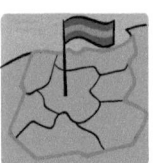

națiune

nación

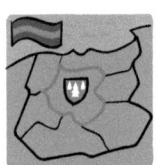

stat

estado

cadran

esfera

orar

manecilla de las horas

minutar

minutero

secundar

segundero

Cât e ceasul?

¿Qué hora es?

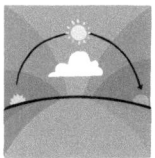

zi

día

timp

hora

acum

ahora

cead digital

reloj digital

minut

minuto

oră

hora

# săptămână
## semana

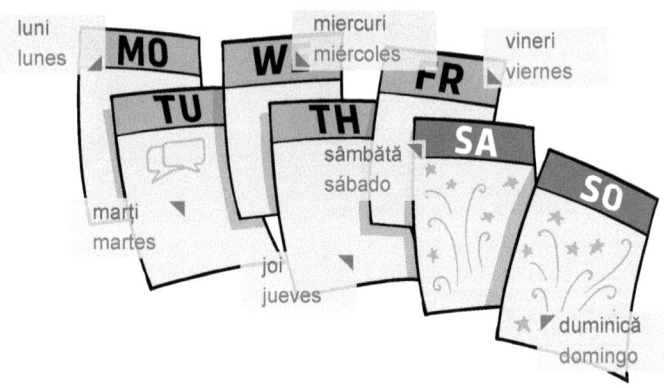

luni / lunes — **MO**
marți / martes — **TU**
miercuri / miércoles — **W**
joi / jueves — **TH**
vineri / viernes — **FR**
sâmbătă / sábado — **SA**
duminică / domingo — **SO**

ieri
...............
ayer

azi
...............
hoy

mâine
...............
mañana

dimineață
...............
mañana

amiază
...............
mediodía

seară
...............
tarde

zile lucrătoare
...............
días hábiles

week-end
...............
fin de semana

# an

# año

ploaie
lluvia
curcubeu
arco iris
zăpadă
nieve
vânt
viento
primăvară
primavera
toamnă
otoño
vară
verano
iarnă
invierno

4.APRIL 11°
5.APRIL 4°
6.APRIL 13°
7.APRIL 8°
8.APRIL 10°

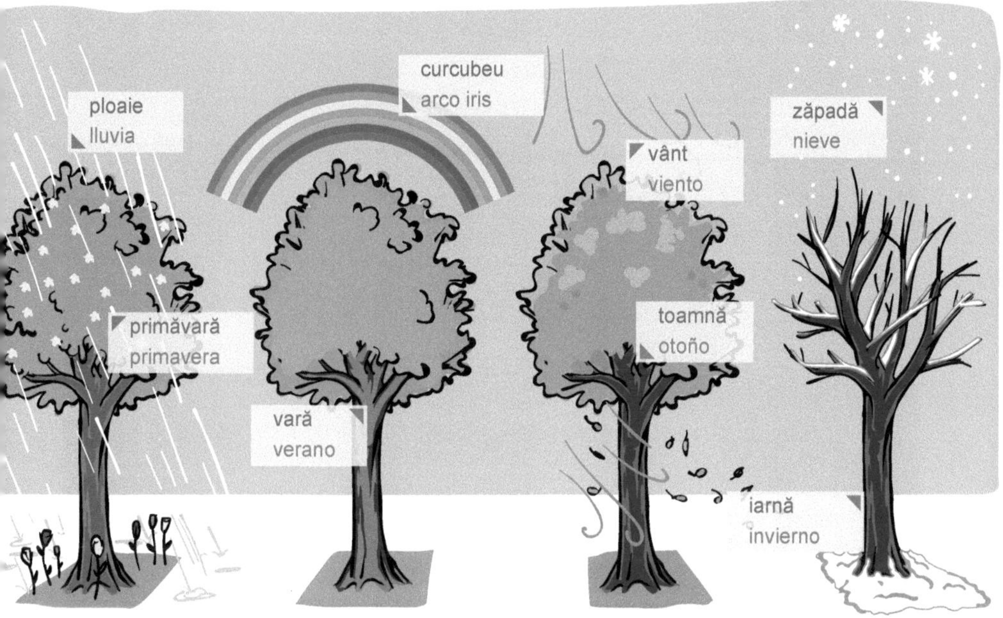

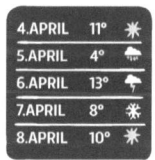

prognoză meteo

ronóstico meteorológico

F C
120 40
90 30
60 20
30 10
0 0
-30 -10
-20

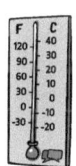

termometru

termómetro

lumina soarelui

luz del sol

nor

nube

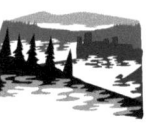

ceață

niebla

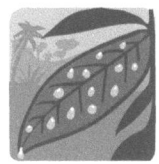

umiditate a aerului

humedad

fulger

rayo

tunet

trueno

furtună

tormenta

grindină

granizo

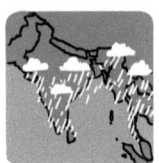

muson

monzón

inundaţie

inundación

gheaţă

hielo

ianuarie

enero

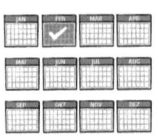

februarie

febrero

martie

marzo

aprilie

abril

mai

mayo

iunie

junio

iulie

julio

august

agosto

an - año

septembrie
septiembre

octombrie
octubre

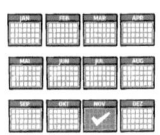

noiembrie
noviembre

decembrie
diciembre

# forme
# formas

cerc
círculo

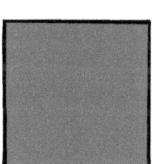

pătrat
cuadrado

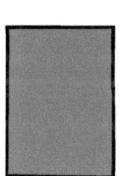

dreptunghi
rectángulo

triunghi
triángulo

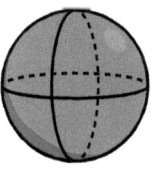

sferă
esfera

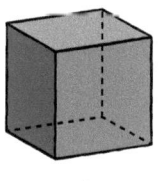

cub
cubo

alb
.............
blanco

galben
.............
amarillo

portocaliu
.............
naranja

roz
.............
rosa

roşu
.............
rojo

violet
.............
violeta

albastru
.............
azul

verde
.............
verde

maro
.............
marrón

gri
.............
gris

negru
.............
negro

mult/puţin

mucho / poco

furios/calm

enojado / tranquilo

frumos/urât

lindo / feo

început/sfârşit

principio / fin

mare/mic

grande / chico

luminos/întunecat

claro / oscuro

frate/soră

hermano / hermana

curat/murdar

limpio / sucio

complet/incomplet

completo / incompleto

zi/noapte

día / noche

mort/viu

muerto / vivo

lat/strâmt

ancho / angosto

**comestibil/necomestibil**

comestible / no comestible

**rău/prietenos**

malo / amable

**emoţionat/plictisit**

entusiasmado / aburrido

**gras/slab**

gordo / flaco

**primul/ultimul**

primero / último

**prieten/inamic**

amigo / enemigo

**plin/gol**

lleno / vacío

**tare/moale**

duro / blando

**greu/uşor**

pesado / liviano

**foame/sete**

hambre / sed

**bolnav/sănătos**

enfermo / sano

**ilegal/legal**

ilegal / legal

**inteligent/stupid**

inteligente / estúpido

**stânga/dreapta**

izquierda / derecha

**aproape/departe**

cerca / lejos

nou/uzat

nuevo / usado

nimic/ceva

nada / algo

bătrân/tânăr

viejo / joven

pornit/oprit

encendido / apagado

deschis/închis

abierto / cerrado

încet/tare

silencioso / ruidoso

bogat/sărac

rico / pobre

corect/fals

correcto / incorrecto

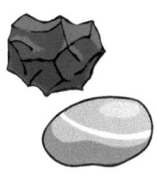

aspru/neted

áspero / suave

trist/fericit

triste / contento

lung/scurt

corto / largo

încet/repede

lento / rápido

ud/uscat

mojado / seco

cald/rece

caliente / frío

război/pace

guerra / paz

**0**

zero

cero

**1**

unu

uno

**2**

doi

dos

**3**

trei

tres

**4**

patru

cuatro

**5**

cinci

cinco

**6**

șase

seis

**7**

șapte

siete

**8**

opt

ocho

**9**

nouă

nueve

**10**

zece

diez

**11**

unsprezece

once

**12**

douăsprezece

doce

**13**

treisprezece

trece

**14**

paisprezece

catorce

**15**

cincisprezece

quince

**16**

șaisprezece

dieciséis

**17**

șaptesprezece

diecisiete

**18**

optsprezece

dieciocho

**19**

nouăsprezece

diecinueve

**20**

douăzeci

veinte

**100**

o sută

cien

**1.000**

o mie

mil

**1.000.000**

un milion

millón

engleză
inglés

engleză americană
inglés americano

chineza mandarină
chino mandarín

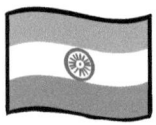

hindi
hindi

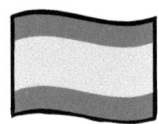

spaniolă
español

franceză
francés

arabă
árabe

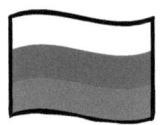

rusă
ruso

protugheză
portugués

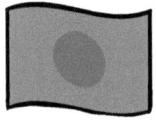

bengaleză
bengalí

germană
alemán

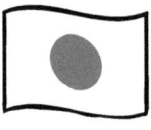

japoneză
japonés

eu

yo

tu

vos

el/ea

él / ella

noi

nosotros

voi

ustedes

ea

ellos

cine?

¿quién?

ce?

¿qué?

cum?

¿cómo?

unde?

¿dónde?

când?

¿cuándo?

nume

nombre

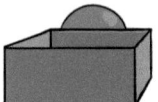

în spate

detrás

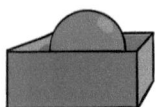

în

en

înainte

adelante de

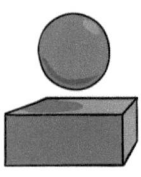

peste

por encima de

pe

sobre

sub

debajo de

lângă

al lado de

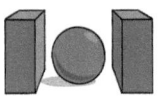

între

entre

loc

lugar